¡VIVA LA TIERRA!
LOS GLACIARES

POR SARA GILBERT

CREATIVE EDUCATION • CREATIVE PAPERBACKS

Publicado por Creative Education y Creative Paperbacks
P.O. Box 227, Mankato, Minnesota 56002
Creative Education y Creative Paperbacks son
marcas editoriales de The Creative Company
www.thecreativecompany.us

Diseño y producción de Chelsey Luther
Dirección de arte de Rita Marshall
Traducción de Victory Productions, www.victoryprd.com
Impreso en los Estados Unidos de América

Fotografías de Dreamstime (Carlos Ameglio, TMarchev), Getty Images
(The Asahi Shimbun, Danita Delimont, Jason Edwards, KEENPRESS,
Andy Rouse, Spaces Images, Punnawit Suwuttananun, Steve Whiston
– Fallen Log Photography), iStockphoto (Dash_med, elnavegante,
lucentius), National Geographic Creative (WILD WONDERS OF
EUROPE/LIODDEN/NATUREPL.COM), Spoon Graphics (Chris Spooner)

**Información del Catálogo de publicaciones de la Biblioteca del
Congreso** is available under PCN 2017935671.
ISBN 978-1-60818-944-1 (library binding)

9 8 7 6 5 4 3 2 1

Imagen de portada: **Glaciar Perito Moreno, Argentina (arriba)**

TABLA DE CONTENIDO

HIELO FRACTURADO

Hay una montaña de hielo frente a ti. Puedes oír cómo cruje y se quiebra. ¡Entonces se escucha un *bum*! Un trozo de hielo se ha desprendido. ¡El glaciar ha cambiado de forma una vez más!

HIELO EN MOVIMIENTO

Los glaciares son masas gigantes de hielo firmemente comprimido. Tienen muchas fracturas y grietas.

Los glaciares están moviéndose constantemente. Ellos arrastran consigo rocas, ramas, y otros **escombros** a medida que se deslizan lentamente a través de la Tierra. Normalmente se mueven unos tres pies (0.9 m) al día.

HIELO MILENARIO

Un glaciar puede tardar cientos de años en formarse. El hielo y la nieve se acumulan y se comprimen firmemente.

Los glaciares suelen verse azules. Esto sucede porque la presión expulsa todas las burbujas de aire. Los glaciares más recientes generalmente son más blancos.

glaciar alpino

GLACIAR GORNER

manto de hielo

MANTO DE HIELO DE GROENLANDIA

casquete de hielo

CASQUETE POLAR DE AUSTFONNA

HIELO EN LAS CIMAS

Los glaciares **alpinos** se forman en las cimas de las montañas. Los glaciares muy grandes se llaman mantos de hielo. Los mantos de hielo más pequeños se llaman casquetes de hielo.

DE FORMA CAMBIANTE

Los glaciares se encuentra en todos los **continentes** excepto en Australia. A medida que el planeta se calienta más, los glaciares también cambian. Las temperaturas más cálidas hacen que el hielo se derrita con mayor rapidez.

RUMBO A LOS GLACIARES

El glaciar más grande del mundo está en la Antártida. Mide 250 millas (402 km) de largo y 60 millas (96.6 km) de ancho.

GLACIAL GRINNELL, MONTANA

Sin embargo, puede ser difícil visitar la Antártida. Sería más fácil ir al Parque Nacional de los Glaciares en Montana. ¡Allí hay 25 glaciares!

ACTIVIDAD: EL MOVIMIENTO DE UN GLACIAR

Materiales

Plastilina de dos colores

Piedritas y palitos

Rodillo de amasar

1. Coloca un recipiente de plastilina en el refrigerador para que se enfríe.

2. Estira la otra plastilina con el rodillo para crear una superficie plana y lisa.

3. Con cuidado, coloca las piedritas y los otros objetos sobre la plastilina lisa.

4. Dale forma de bola a la plastilina fría y colócala en uno de los extremos de la superficie lisa. Ese será tu glaciar.

5. Mueve tu "glaciar" lentamente, a través de la superficie. ¿Se le van pegando las piedritas y los palitos? ¿Qué ocurre a medida que mueves el glaciar sobre la superficie lisa?

GLOSARIO

alpino: elacionado con montañas altas

continentes: cada una de las siete grandes extensiones en que está dividida la Tierra

escombros: materiales naturales sueltos como rocas, tierra, y hojas

grietas: hendiduras profundas en un glaciar

ÍNDICE